AUTORES:

JOSÉ MARÍA CAÑIZARES MÁRQUEZ
CARMEN CARBONERO CELIS

COLECCIÓN: MANUALES PARA PADRES SOBRE ACTIVIDAD FÍSICA, SALUD Y EDUCACIÓN EN LOS NIÑ@S

MATERIALES Y ESCENARIOS PARA MEJORAR LA ACTIVIDAD FÍSICA DE TU HIJO

COLECCIÓN MANUALES PARA PADRES SOBRE ACTIVIDAD FÍSICA, SALUD, Y EDUCACIÓN EN LOS NIÑ@S

MATERIALES Y ESCENARIOS PARA MEJORAR LA ACTIVIDAD FÍSICA DE TU HIJO.

AUTORES

José Mª Cañizares Márquez

- Catedrático de Educación Física
- Tutor del Módulo del Practicum del Master de Secundaria
- Especialista en preparación de opositores
- Autor de numerosas obras sobre Educación y Preparación Física

Carmen Carbonero Celis

- D. E. A. en Instituciones Educativas
- Licenciada en Pedagogía
- Maestra de Primaria y Secundaria en centros de Educación Compensatoria
- Didacta presencial del Módulo de Pedagogía General en el CAP
- Profesora de Pedagogía Terapéutica en Centro Educación Primaria

Título: MATERIALES Y ESCENARIOS PARA MEJORAR LA ACTIVIDAD F´SICA DE TU HIJO.

Autores: José Mª Cañizares Márquez y Carmen Carbonero Celis
Editorial: WANCEULEN EDITORIAL

Sello Editorial: WM EDICIONES

Dirección Web: www.wanceuleneditorial.com, www.wanceulen.com,

Email: info@wanceuleneditorial.com

I.S.B.N. (PAPEL): 978-84-9993-572-0

I.S.B.N. (EBOOK): 978-84-9993-596-6

©Copyright: WANCEULEN S.L.

Primera Edición: Año 2017

Impreso en España

WANCEULEN S.L. C/ Cristo del Desamparo y Abandono, 56   41006 SEVILLA

Reservados todos los derechos. Queda prohibido reproducir, almacenar en sistemas de recuperación de la información y transmitir parte alguna de esta publicación, cualquiera que sea el medio empleado (electrónico, mecánico, fotocopia, impresión, grabación, etc), sin el permiso de los titulares de los derechos de propiedad intelectual. Cualquier forma de reproducción, distribución, comunicación pública o transformación de esta obra solo puede ser realizada con la autorización de sus titulares, salvo excepción prevista por la ley. Diríjase a CEDRO (Centro Español de Derechos Reprográficos, www.cedro.org) si necesita fotocopiar o escanear algún fragmento de esta obra.

ÍNDICE

INTRODUCCIÓN 7

1. RECURSOS Y MATERIALES DIDÁCTICOS ESPECÍFICOS DEL ÁREA DE EDUCACIÓN FÍSICA: CLASIFICACIÓN Y CARACTERÍSTICAS QUE HAN DE TENER EN FUNCIÓN DE LA ACTIVIDAD FÍSICA PARA LAS QUE SE HAN DE UTILIZAR. 9

    1.1. Breve historia de los recursos materiales. 9

    1.2. Clasificación. 11

    1.3. Características que han de tener en función de las actividades físicas para las que se han de utilizar. 22

2. UTILIZACIÓN DE LOS RECURSOS DE LA COMUNIDAD. 25

CONCLUSIONES 27

BIBLIOGRAFÍA 27

WEBGRAFÍA 30

INTRODUCCIÓN

La metodología constituye el conjunto de criterios y decisiones que organizan, de forma global, la acción didáctica en el aula: papel que juegan alumnado y profesorado, utilización de **medios** y **recursos**, tipos de actividades, organización de los tiempos y espacios, agrupamientos, secuenciación y tipo de tareas, etc. Su concreción en un **ambiente de aula** tiene como objetivo más general facilitar el desarrollo de los procesos de enseñanza-aprendizaje expresados en las intenciones educativas.

Los **medios** didácticos que se pongan al servicio para la consecución de las **intenciones** educativas, pueden ser otro de los factores claves para configurar un planteamiento metodológico eficaz y moderno. La diversificación en la utilización de medios, más acorde con el progreso tecnológico de la sociedad en que vivimos, no debe quedarse fuera de la escuela. Debe aprovechar las variadas y atractivas posibilidades que los medios didácticos nos ofrecen para favorecer, enriquecer y motivar el desarrollo de aprendizajes en distintas áreas y ámbitos de conocimiento y, también, debe convertirse en un espacio idóneo para realizar un análisis y valoración crítica de los mismos medios, mediante su gestión y uso por parte de alumnos y docentes en el transcurso de la acción didáctica.

Esta diversidad de recursos debe adaptarse a las intenciones que persigamos, -fruto de una reflexión acerca del tipo de información que suministra el medio-, al grado de actividad que concede al participante, su contenido más o menos cerrado, la posibilidad de uso y gestión por parte de los alumnos..., y el tipo de tarea, actividad o función para la que se le requiera. Son los **medios** quienes han de estar al servicio del proyecto educativo personal que desarrollemos y no al revés.

La seguridad en el uso de los recursos debe ser prioritaria para nosotros. Roldán (2002), coordina la publicación "**Manual de seguridad en los centros educativos**", editada por la C.E.J.A. Indica una serie de pautas a seguir tendente a la protección en las instalaciones escolares.

Por otro lado, estamos ya inmersos en un mundo donde el continuo contacto con la Tecnologías de la Información y Comunicación se ha convertido en una constante cada vez más importante, lo que implica nuevos recursos a la disposición de la comunidad educativa, como el programa de gestión "Séneca" o el programa de comunicación con las familias, como es el programa PASEN.

Nuestra región ofrece multitud de posibilidades didácticas tanto en su entorno próximo como lejano que no debemos desaprovechar.

1. RECURSOS Y MATERIALES DIDÁCTICOS ESPECÍFICOS DEL ÁREA DE EDUCACIÓN FÍSICA: CLASIFICACIÓN Y CARACTERÍSTICAS QUE HAN DE TENER EN FUNCIÓN DE LA ACTIVIDAD FÍSICA PARA LAS QUE SE HAN DE UTILIZAR.

Está aceptado que los recursos didácticos son todos los **elementos** que median para lograr los **objetivos** de aprendizaje propuestos en un plan de enseñanza. Por tanto, el concepto de recurso es sumamente extenso y muy abierto a nuevas propuestas, sobre todo las de tipo **multimedia**. Esto se debe a que continuamente crece el número de estímulos del entorno socio-cultural y de aportaciones de la técnica. Dentro de la extensión del concepto cabe también el de "*material didáctico*" (Gil, 2007).

Sicilia y Delgado (2002), definen el término recurso como "el artificio que se utiliza de forma puntual en la enseñanza para facilitar el cumplimiento de los objetivos, adaptándose a las circunstancias, edad, etc.". Así pues, nos facilitan el desarrollo del currículum, sobre todo por su potencial de estimulación y motivación. No obstante, entendemos, estos autores se centran en los puramente materiales.

Podemos afirmar que los recursos didácticos son todos aquellos **medios** empleados por el docente para enseñar, apoyar, complementar, acompañar o evaluar el proceso educativo que dirige u orienta. Si bien en cualquier área son abundantes en cuanto a sus posibilidades, en Educación Física las posibilidades son amplísimas y con una significativa variedad: **espacios** de enseñanza: patio, S.U.M., medio natural, etc.; **personas** a las que recurrimos: monitor de natación, de patinaje sobre hielo, de esquí, nutricionista, etc.; instrumentos **materiales**: pelotas, cuadernos, colchonetas, PDI, aros, picas, y así hasta casi el infinito ya que la industria crea cada año nuevas posibilidades. Por ejemplo, programas multimedia interactivos o pista de patinaje sobre hielo "sintético", por poner dos ejemplos recientes.

La importancia no está en la cantidad y variedad de los recursos (tamaños, formas, etc.), sino en el grado de noción que tengamos los docentes de ellos. En cualquier caso, todos los recursos nos **condicionan** la realización de las actividades. Ello nos lleva a **buscar nuevas formas** para enriquecer nuestra acción didáctica (Zagalaz, Cachón y Lara, 2014).

Debemos destacar una serie de **aspectos** en cuanto a espacios y materiales. Por ejemplo:

- Ausencia de peligros y potenciar hábitos de cuidado, mantenimiento y limpieza.
- Multifuncionales y sin sofisticación.
- Adaptable al alumnado y a su número, que integren y no sean sexistas.
- Huir de ambientes contaminados, adecuándose la práctica al entorno y aprovechar las posibilidades que ofrecen los espacios exteriores.

A principios de curso, maestras y maestros deberemos revisar los materiales existentes elaborando un inventario y, en cualquier caso, la familia debe "recibir información sobre los materiales y libros de texto adoptados por el centro" (D. 328/2010).

1.1. BREVE HISTORIA DE LOS RECURSOS MATERIALES.

Históricamente, los materiales han sido una constante en todos los ejercicios físicos desde que el ser humano los practica, tanto como elementos de utilidad como en juegos y recreaciones.

Para este punto nos basamos en Zapico (1993) y Fernández Truán (1997).

ASPECTOS HISTÓRICOS	
PRIMERAS CULTURAS	ÚLTIMOS SIGLOS
EGIPTO. Esgrima con bastones, pelotas, juegos con aros, sticks, tiro con arco, etc.	M. TRADICIONALES. Los inventados y usados por las escuelas sueca, francesa, alemana: banco, pórtico, cuerdas, etc.
GRECIA. Caballitos de madera, barras de lanzamiento, bolas de barro, aros, columpios, zancos y diábolos. Los propios de las olimpiadas.	M. ALTERNATIVOS. A partir de 1980. Móviles novedosos, motivadores y multi funcionales: frisbee, floorball, pelotas auto hinchables, etc.
ROMA. Pelota (pila)	M. MULTIMEDIA. A finales siglo XX. Los PC, sus periféricos, programas, plataformas, "wikis", etc.

- **Primeras Culturas.**

    o **Egipto**. Dispusieron de muchos recursos materiales para el cultivo del cuerpo. Por ejemplo, esgrima con bastones. También pequeñas pelotas y varitas eran usuales, como lo demuestran las pinturas de la tumba de Beni Hassan. El tiro de cuerda, los juegos con aros, sticks, (especie de hockey), el tiro con arco, etc. nos muestran todo un repertorio de materiales que nos hablan de la importancia que la Educación Física tenía para este pueblo.

    o **Grecia**. Entre otros móviles aplicables a la gimnasia infantil destacamos a caballitos de madera, sacos, barras de lanzamiento, bolas de barro, aros, columpios, zancos y hasta diábolos. Ya en la adolescencia practicaban deportes parecidos al balonmano y hockey, así como juegos de carreras de relevos, lanzamientos de jabalina y disco, saltos, etc. y poco a poco se integraban en las prácticas olímpicas con todo su esplendor.

    o **Roma**. Le dieron un gran impulso a los juegos de pelota donde había gran variedad y tamaño, jugándose a la "pila" (balón grande y macizo), al "datatim lúdera", (golpes alternativos), "raptin lúdere", (luchar por la pelota), etc.

- **Últimos tiempos (siglos XIX, XX y XXI).**

    Destacamos tres periodos:

    o **Materiales tradicionales**. A lo largo del siglo XIX se consolidan de manera práctica la filosofía que sobre educación exponen tanto Rousseau como Kant. Aparecen con las "escuelas tradicionales" de Educación Física: sueca, francesa y alemana. En la **sueca** destacan materiales relativamente grandes y pesados (espalderas, bancos, cuadros suecos, etc.). En la **francesa** sobresale Amorós, que crea aparatos grandes como los pórticos y pequeños como los trapecios. (Fernández Truán, 1997). Estos recursos fueron los habituales en España hasta la década de los 80-90 del pasado siglo y sirvieron de soporte a la llamada "Gimnasia Educativa", de hecho entraban en las equipamientos habituales los gimnasios escolares. En la **alemana**, Bode incluye en sus trabajos a pelotas, tambores para el ritmo, bastón, etc. Medau añade a la obra de Bode más aparatos y regula alguno de los ya existentes. Por ejemplo, pelotas de goma, mazas y aros, que los retoma de épocas anteriores. Estos elementos tienen las características de ser individuales, portátiles y de pequeño tamaño, con lo cual hace un cambio en el concepto gimnástico que hasta entonces existía (Fernández Truán, 1997).

- **Materiales Alternativos**. Su principal promotor fue el profesor Manuel Hernández Vázquez, del INEF de Madrid, a partir de la década de los 80 del pasado siglo. Agrupa a numerosos móviles novedosos que provocaron nuevos juegos de grupo, como el "ultimate", de procedencia norteamericana jugado con un frisbee; el "unihoc o floorball" de procedencia sueca jugado con sticks y bola de plástico; etc. Trajeron como consecuencia nuevas perspectivas a las clases infundiéndoles motivación, dinamismo, creatividad y originalidad (Hernández, 1994). Aunque hoy día se ven como algo "normal", en su momento supusieron un cambio radical en la didáctica de la educación física acostumbrada al formalismo y seriedad de la "gimnasia educativa", donde un alumno saltaba el potro mientras que los treinta compañeros restantes miraban. Se llamaron alternativos porque tradicionalmente no eran habituales en las clases, ni en el juego, ni como materiales de apoyo a los deportes tradicionales (Ortí, 2004). Hoy día están en continua evolución habida cuenta de las numerosas empresas que se dedican a diseñar y fabricar recursos, normalmente móviles, a partir de materias plásticas. En muchas ocasiones, dado el precio de los mismos y lo relativamente fácil que es su fabricación, el propio alumnado lo puede manufacturar, como las indíacas (Velázquez y Martínez, 2005). Otros ejemplos son los, conos, boomerang, pelotas auto hinchables, ciertas adaptaciones de materiales deportivos tales como bates, paracaídas, sogas gigantes, tamburello, pelotas lastradas que son capaces de botar, vallas de plástico en múltiples tamaños, etc. (Jardí y Rius, 2004).

- **Materiales Multimedia**. Podemos afirmar que en los tres últimos quinquenios del S. XX surgieron con mucha fuerza los recursos propios de lo que se denominó "Nuevas Tecnologías (NN. TT.)". Empiezan a alcanzar su pleno desarrollo en el S. XXI aunque ya sin el apelativo de "nuevas", conociéndose como TIC (tecnologías de la información y comunicación): ordenadores y sus periféricos, pizarras digitales, las "tablets", además del hardware y software correspondiente, etc., aunque también son conocidos como TAC (tecnologías del aprendizaje y conocimiento) a partir de la LOMCE/2013.

1.2. CLASIFICACIÓN.

Basándonos en Zapico (1993), , Díaz (1996), VV. AA. (1993 a), VV. AA. (1993 b), VV. AA. (1996), Fernández (1997), Chinchilla y Moreno (2000), Sáenz-López (2002), Rivadeneyra (2003), Blández (2005) y Gil (2007), creamos cuatro grupos de recursos necesarios para la didáctica de la educación física: **Humanos**, **Espaciales**, **Materiales** y **Ambientales** (Cañizares y Carbonero (2007).

CLASIFICACIÓN DE LOS RECURSOS
HUMANOS. Las personas intervinientes: maestro, alumnos, monitor… Incluye los recursos personales: equipación, útiles de aseo, etc.
ESPACIALES. Los sitios donde enseñamos: propios como la SUM; ajenos como piscina municipal; cedido, como un pabellón; etc. En una sesión hay espacios total; de actividad; de tránsito; neutro.

MATERIALES. Con los que impartimos nuestra didáctica. Son:
• Convencional o tradicional: colchoneta, cuerdas, aros, etc.
• Alternativo, que se dividen en:
   o Comprado en tiendas o catálogos: frisbee
   o De desecho: cubiertas de scooters
   o De uso distinto al habitual: gomas o "pulpos"
   o Del entorno: barandas, bancos, gradas, etc.
• Según la habilidad a desarrollar: deben ser multifacético, como el cono
• De los objetivos planteados: prescindible o imprescindible
• De los objetivos para lo que han sido fabricados: exclusivos o no
• De su movilidad: muy movible, poco…
• De su volumen: poco (bola de tenis) o muy voluminoso (colchoneta de saltos)
• De su proceso de fabricación: comercial o hecho por alumnos (bolas malabares)
• Para atender al alumnado con n. e. a. e., como pelotas con cascabeles
• Impreso, audio visual, multimedia e informático: libro, cuaderno, P.C., etc.
   o Webquest
   o Wikis
   o Blogs
   o La caza del tesoro
   o Hot potatoes
   o Etc.

AMBIENTALES. Los elementos que conforman el propio centro con sus instalaciones y su entorno, el ambiente físico (tipo de suelo, luz adecuada, contaminación acústica y sonoridad, calidez, etc.). También engloba a las posibilidades que nos ofrecen los contextos de los escenarios naturales y los correspondientes a los socio-culturales: natural (parques) y entorno socio cultural: estadios, exposiciones, competiciones, etc.

- **Humanos**.

En el concepto genérico de recursos humanos, que hace referencia a las **personas** que intervienen implícita o explícitamente en el proceso didáctico, incluimos dos vertientes. Por un lado destacamos la participación del **alumnado**, sobre todo si utilizamos una metodología de búsqueda, donde el niño y la niña es el protagonista directo de su propio aprendizaje.

En el otro está el docente que, en algunas ocasiones, se auxilia de monitores (curso de natación o de esquí), de otros docentes (organización de actividades complementarias), de padres (cursillo de primeros auxilios) o de maestros en fase de prácticas, etc.

Obviamente en el Área de Educación Física las personas debemos disponer de unas equipaciones, calzados, etc. que algunos autores lo suman a los humanos y otros lo contemplan como un apartado clasificatorio más: "**recursos personales**". Aludimos a la equipación deportiva que todo docente debe llevar. También a la sudadera, zapatillas deportivas, mallas, bañador, útiles de aseo, etc. que no es responsabilidad del centro sino de cada individuo y debe ser aportado por él (Gil, 2007).

- **Espaciales**.

Se trata de los sitios o emplazamientos disponibles y aquellos de los que, seguramente, podemos disponer. Debemos analizar sus condiciones en función del desarrollo del currículum.

El término espacio incluye todo tipo de **lugares** donde llevamos a cabo el proceso de enseñanza-aprendizaje del alumnado, sea propiedad o no del centro. No olvidemos que la especificidad del Área exige un **aula diferente** y que cada contenido requiere un espacio que se **ajuste** a las condiciones de las tareas programadas. Por ejemplo, en una sesión de coordinación óculo segmentaria usando globos y terminándola con una práctica de relajación, requiere una sala amplia cubierta, con suelo tipo tatami o parquet.

Los espacios que normalmente usamos son de dos tipos: **propios** y **ajenos**. Ambos pueden ser **cubiertos**, **descubiertos** o **mixtos**.

- **Propios**. El centro educativo tiene unos espacios **privativos**. Por ejemplo, gimnasio cubierto, S. U. M., sala de danza, pistas deportivas, patio cubierto (porche), vestuarios, almacén de material, despacho o departamento, aula, etc. Hay otras zonas, en muchas ocasiones "desconocidas", a las que hay que descubrir y aprovechar.

- **Ajenos**. Destacamos, a:
  - De **libre utilización**, como playa, parque natural, bosque, etc.
  - **De utilización por convenio a coste bajo o nulo**. En general son instalaciones dependientes de alguna administración pública (ayuntamientos, diputaciones, comunidades autónomas,...) o de alguna entidad privada sin ánimo de lucro que, mediante un convenio de cesión, de cuota de mantenimiento o de intercambio de servicios, pueda lograrse su acceso. Por ejemplo, pabellón deportivo, pistas polideportivas, piscinas, etc.
  - **De utilización mediante contratación a precios de mercado**. Se trata de instalaciones de propiedad privada. En este caso, además de calcular los costes, hemos de prever su financiación. Por ejemplo, piscinas, pistas de esquí, pistas de patinaje, entre otras.
  - Hay veces que se establece un acuerdo de **intercambio de usos** de instalaciones entre el centro y el ayuntamiento. Para ello hay que tener en cuenta la Orden de 03 agosto de 2010, *por la que se regulan los servicios complementarios de la enseñanza de aula matinal, comedor escolar y actividades extraescolares en los centros docentes públicos, así como la ampliación de horario.* BOJA núm. 158 de 12/08/2010, que derogó a la Orden de 26/06/1998.

Independientemente de lo anterior y, refiriéndonos a los **espacios utilizados en la sesión**, podemos distinguir:

- **Espacio total**. Comprende a todo el espacio donde se desarrolla la sesión. Por ejemplo, la pista de fútbol sala.

- o **Espacios de actividad**. Son las áreas donde se centran las tareas de la sesión. Por ejemplo, media cancha de Mini-Basket.

- o **Espacios de tránsito**. Son zonas de desplazamiento que se producen cuando alumnos y alumnas se dirigen de un ambiente a otro. Por ejemplo, los caminos entre el edificio y las pistas externas.

- o **Espacios neutros**. Son aquellos vacíos que quedan sin utilizar. Por ejemplo, muchas veces las esquinas del espacio de actividad apenas si se usan.

- **Materiales o didácticos específicos**.

Es todo aquel que, no estando construido de obra, ha sido añadido a una instalación para complementarla y equiparla para la práctica de actividad física (Galera, 1996). Aquí se incluyen los grandes aparatos o "equipamiento deportivo", como el cuadro sueco y el material convencional y no convencional que se puede utilizar para la práctica escolar y deportiva. Por ejemplo, desde colchonetas de seguridad para trabajos de equilibrio a las hojas de un periódico para hacer bolitas y practicar la coordinación óculo-manual.

El material es un medio más en toda tarea educativa. Permite, partiendo de la propia experiencia del niño y de su capacidad de manipulación de objetos, la educación de los sentidos, así como una serie de **relaciones perceptivas** y de **aprendizaje** que le lleva de forma progresiva al **descubrimiento** e interiorización de los conceptos. Para mejorar su desarrollo y aprendizaje, el alumnado ha de tener a su alcance los objetos indispensables que le permitan efectuar experiencias, puesto que "**manipular es aprender**" (Rivadeneyra, 2004).

En este sentido, la O. ECD/65/2015, indica que el uso del **portfolio**[1] aporta información sobre el aprendizaje, refuerza la evaluación continua y mejora el pensamiento crítico y reflexivo en el alumnado.

Históricamente son Decroly y Montessori los que, con sus métodos y materiales específicos, resaltan la importancia y oportunismo en su corriente educativa.

Los elementos móviles que empleamos sirven para motivar, establecer relaciones con los alumnos y alumnas, incidir en la elaboración de la situación, etc., Posibilitarán a niñas y niños **independizarse** de nuestra tutela continua y nos permitirán actuar indirectamente, **observando** sus decisiones y cómo las concretan.

Existen numerosas **clasificaciones**. Exponemos las más conocidas:

- o **Convencional**. Es el habitual o tradicional, el "de siempre" y que procedía de las escuelas gimnásticas europeas del S. XIX, como equipamiento de gimnasios, salas, etc., y puede ser utilizado en cualquier actividad física, ya sea de entrenamiento o de enseñanza. Por ejemplo, colchonetas, espalderas, bancos suecos, sogas de trepa, etc.

- o **Alternativo**. Son "*una serie de recursos novedosos que son una*

---

[1] Un portfolio (o portafolio), es una recopilación de trabajos elaborados por el alumnado, que se relacionan de una manera directa o indirecta con actividades referidas a contenidos curriculares: fichas, láminas, pequeño material fabricado, como pompón, raqueta, etc.

alternativa a los tradicionales en nuestras escuelas" (Hernández Vázquez, 1994). Posteriormente se fueron incluyendo "añadidos". Por ejemplo el uso "alternativo" de los recursos tradicionales -como el plinto que siempre se utilizaba para saltar con o sin volteo, la alternativa era desencajarlo y saltar o transportar los elementos que lo componen- (Jardí y Rius, 2004). Podemos **clasificar** el material alternativo para el ámbito de la actividad física general en cuatro grandes grupos:

- **Material procedente de desecho o en desuso.** No utilizable, por la razón que sea, para el fin que, originariamente, había sido fabricado, aunque sí para actividades físico-deportivas, por lo cual nosotros lo **reciclamos** para darle uso en nuestras sesiones. Tal es el caso de las cubiertas de scooter, los conos balizadores del tráfico o los envases de suavizante (Velázquez Callado, 1996).

- **Material al que se le da un uso distinto para el que originariamente fue fabricado.** Objetos fabricados para un objetivo, pero le damos otra finalidad. Por ejemplo, las gomas o "pulpos" que son fabricados para sujetar paquetes en coches y motos, se usan para fortalecimiento muscular. Escaleras, gradas, bancos de los parques, etc. que usamos para saltarlos son otros ejemplos.

- **Materiales existentes en el entorno.** El medio en el que nos encontramos suele presentar numerosos elementos aprovechables. Por ejemplo, escaleras para hacer multisaltos, los bancos del parque para hacer flexiones de brazos o las barandas que circundan a las canchas para hacer ejercicios de agilidad, flexibilidad o potencia.

- **Material comercial.** Se compra en establecimientos especializados en artículos escolares, aunque también por catálogos que las distribuidoras envían a las escuelas: bolsitas de granos, conos, zancos, losetas de sensaciones, etc. son algunos ejemplos.

o **Según el tipo de habilidad a desarrollar.** Normalmente usamos recursos polifacéticos. Por ejemplo, un cono sirve para saltar, transportarlo, para hacer puntería con una pelota, señalizar, etc. En cambio, otros sólo sirven para un único aprendizaje, por ejemplo las anillas o la barra de equilibrio.

o **De los objetivos planteados por el docente.** Se trata de saber si determinados recursos son o no indispensables para lograr un aprendizaje. Por ejemplo, las colchonetas son imprescindibles para realizar los volteos y equilibrios. Lo mismo ocurre con las canastas para aprender a encestar. No obstante, hay otros elementos que podemos prescindir de ellos, aunque son conveniente tenerlos para motivar, para apoyar el aprendizaje, etc. Por ejemplo, los conos señalizadores del tráfico en el caso del bote en zig-zag.

o **De los objetivos para los que se han construido los aparatos.** Hay recursos específicos, por ejemplo las barras paralelas de uso exclusivo en gimnasia artística, y otros inespecíficos, por ejemplo los bancos suecos que sirven para saltar, hacer cuadrupedias, transportarlos, etc.

- **De su movilidad**. Hay un material fijo que no podemos trasladarlo, por ejemplo las espalderas. En el otro extremo están los de tipo móvil, como pelotas y picas. También observamos a los semi-móviles, como los postes de voleibol.

- **Volumen**. Destacamos a los grandes y pesados, como las colchonetas "quitamiedos", y a los pequeños y ligeros como las pelotas.

- **Del proceso de fabricación**. Aunque lo normal es adquirirlo en los circuitos comerciales (en tiendas especializadas o a través de catálogos que envían a los centros), cada vez hay más tendencia a la fabricación de los recursos propios por parte del alumnado (Timón y Hormigo, 2010). Así trabajamos otras áreas, como plástica, mejorando la destreza manual y la creatividad. Muchos materiales "de casa" nos brindan la posibilidad de potenciar juegos y reutilizar el material sobrante (Gutiérrez Toca, 2010). Algunos ejemplos son los paracaídas gigantes hechos con sábanas viejas o plásticos de pintor, las "cestas" de cesta-punta fabricadas a partir de los botes de suavizante cortados, las bolas para malabares hechas con globos rellenos de mijo, los bolos fabricados a partir de botellas de refresco de dos litros convenientemente lastradas con arena, o los ladrillos de psicomotricidad elaborados con bloques de madera pintados de colores (Bernal, 2007). El alumnado trabaja en un proyecto que controla desde el principio, realiza aprendizajes significativos por sí mismo, le produce gran motivación por "fabricar" y crear algo útil para su juego, permite un trabajo cooperativo y avanzar a un ritmo individualizado... (Ponce y Gargallo, 2003)

- **Específicos para niñas y niños con N. E. E.** Nos referimos a los que debemos disponer en caso de tener algún alumno con discapacidad. Por ejemplo, pelotas con cascabeles, aros fluorescentes, cartulinas con indicaciones específicas, etc.

- **De apoyo impreso, audiovisual y multimedia o tecnológico**. Nos referimos a la documentación oficial (R.O.F., P.E., P. G., etc.), libros, cuadernos, fichas, transparencias, películas en diversos soportes, C. D. musicales, etc. así como todo el material de multimedia que nos llega continuamente, como los MP-4 para ver vídeos de iniciación deportiva, coreografías, etc. En muchos centros es habitual disponer de una página web que sirve de comunicación tanto al alumnado como al resto de la comunidad educativa. También debemos destacar lo expresado por el D. 97/2015, art. 5, f: "*la utilización adecuada de las herramientas tecnológicas de la sociedad del conocimiento*", es una de las **capacidades prioritarias** a adquirir durante la etapa.

Un recurso que a partir de enero de 2007 toma gran importancia en nuestras escuelas públicas son las **Bibliotecas**. Citamos al Acuerdo de 23/01/2007, del Consejo de Gobierno por el que se aprueba el **Plan** de Lecturas y Bibliotecas Escolares (**LYB**) en los Centros Educativos Públicos de Andalucía. En él se recoge que en estos espacios habrá desde el libro tradicional hasta textos informativos en formato audiovisual o multimedia, para la adquisición del hábito lector. En nuestra Área podemos incidir en la habilidad lectora a través de los innumerables textos existentes relacionados con los núcleos curriculares: juego, salud, deporte, relatos relacionados con los JJ. OO., etc. No olvidemos que la L.O.E. y la L.E.A. señalan a la **comprensión lectora** como una competencia básica fundamental, por lo que estamos obligados a trabajarla desde nuestra Área.

Posada (2000) señala la importancia que los medios multimedia están teniendo en los últimos años, sobre todo a nivel escolar. Con tal motivo reseña una serie de **Webs** especializadas en actividades en la naturaleza, asociaciones deportivas, facultades y departamentos de éstas, bibliotecas, centros de investigación, distribuidoras de materiales, así como un sinfín de instituciones públicas y privadas. Como herramientas muy útiles, Posada (2000), reseña a **Efos:** programa para la gestión de la evaluación; **Ludos:** programa para la confección de un catálogo de juegos; **Cronos:** calculadora que acepta marcas del alumno/a en una batería de test y que genera automáticamente el percentil. Todos estos recursos suponen una instrumento de última generación para los docentes y los alumnos (Sancho, 2006). Citamos a la Resolución de 10/04/2007, de la D. G. de Innovación Educativa y Formación del Profesorado, por la que se aprueban Proyectos de Investigación Educativa y se conceden subvenciones, B. O. J. A. nº 87 de 04/05/2007.

Por otro lado, es obligado citar los paquetes ofimáticos, como OpenOffice, presente en todos los centros de Andalucía.
Podemos recurrir a las **wiki**[2] y así facilitar los grupos de trabajo y que éste sea colaborativo y participativo.

"EDUSPORT". Es una plataforma del M. E. C. D. que pone a disposición del profesorado numerosos recursos, incluidos los prácticos en formato video digital. Propone el desarrollo pedagógico para el área de educación física de los contenidos básicos para la educación.

"Constructor". Es una herramienta para crear contenidos educativos digitales, que gestiona la C. de E. de la Junta de Extremadura. Incluye una base de datos con trabajos y experiencias realizadas.

"LIM". El sistema Lim es un entorno para la creación de materiales educativos, formado por un editor de actividades (EdiLim), un visualizador (LIM) y un archivo en formato XML (libro) que define las propiedades del libro y las páginas que lo componen.

Díaz (2005), expresa que la incorporación de las T.I.C (Tecnología de la Información y Comunicación) en la escuela es una exigencia social debido a la revolución tecnológica en la que estamos inmersos.

La utilización de las T.I.C.es un **recurso** más e **imprescindible** en el proceso de enseñanza y aprendizaje que se empieza a conocer como las "**nuevas didácticas**". Muchos de los contenidos conceptuales pueden ser aprendidos y evaluados a través de la utilización didáctica de las T.I.C (Cabero y Román -coords.-, 2008).

---

[2] Una wiki es un sitio web cuyas páginas pueden ser editadas por múltiples alumnos a través del navegador web. Permite crear, modificar o borrar un mismo texto que comparten.

En el caso de la evaluación de la Educación Física, las T.I.C son usadas para gestionar estadísticamente datos del alumnado, búsqueda de información, emisión de informes y opiniones, etc. (Cebrián -coord.-, 2009) Por ello es normal el uso de hojas de cálculo, procesadores de texto, y otros programas diseñados expresamente como apoyo a la evaluación del área, como el "Programa Séneca", regulado por el Decreto 285/2010, de 11 de mayo.

Hoy día tienen cada vez más importancia las llamadas "**redes sociales**", que las emplean de forma mayoritaria nuestro alumnado: "Tuenti"; "Facebook"; "Twiter", "Gmail"; "Messenger", "Yahoo", etc.

Dentro de este amplio conjunto mencionamos algunas posibilidades de uso de las T.I.C como **recurso educativo** para el aprendizaje como instrumento y medio de evaluación (Blázquez y otros, 2010).

- **Las Webquest**.- Son actividades búsqueda guiada de informaciones relativas a un tema o contenido que se encuentra en Internet y que los alumnos tienen que concretar y resolver con el soporte de un documento virtual previamente preparado por el maestro o maestra. Pueden tener también un carácter interdisciplinar. Su diseño es parecido a una unidad didáctica (Lerma, 2006). También debemos citar a las Mini Webquest.

- **Los Blogs** (abreviatura de Weblog).- Es un tipo de web con una serie de artículos ordenados cronológicamente desde el más reciente, situados al principio de la página, al más antiguo situado al final. Es una publicación virtual en la que se tratan temas personales o de interés general, actualizados periódicamente, en el que se pueden incluir enlaces y en el que pueden participar otros alumnos/as.

- **Los deberes Web**.- Sirven para poner trabajos a modo de actividades complementarias y que sirvan para evaluar determinados contenidos.

- **Las aulas virtuales**. Se usan en la modalidad de **educación a distancia**, constituyendo un nuevo entorno de aprendizaje al convertirse en un poderoso dispositivo de comunicación y de distribución de saberes que, además, ofrece un "espacio" para atender, orientar y evaluar a los participantes. El aula virtual está, disponible en Internet las 24 horas del día, ofrece los servicios y funcionalidades necesarias para el aprendizaje a distancia y responde a la necesidad de los docentes y alumnos de una comunicación directa y atención personalizada inmediata o diferida. No obstante, también se usa para "colgar" apuntes, trabajos, etc. del **aula tradicional**.

- **Actividades de colaboración en la red**.- Aprovechamos los espacios compartidos para realizar actividades cooperativas entre alumnos con separación geográfica para resolver una determinada tarea. El maestro orienta y motiva, para al final evaluar el trabajo. **Kahoot!** es una plataforma de aprendizaje mixto basado en el juego, muy popular a partir de 2014, permitiendo a docentes y alumnos/as investigar, crear, colaborar y compartir conocimientos en red. Este intercambio debe ocurrir dentro del mismo Kahoot! o en las redes sociales como Facebook, Twitter y Pinterest.

- **Los "Plan Lesson"**.- Actividades de aprendizaje de corta duración a resolver por el alumnado mediante el uso de Internet o de cualquier otro recurso que ofrecen las T.I.C.
- **La caza del tesoro**.- Es una actividad didáctica que usa varias direcciones de Internet para resolver un conjunto de preguntas. Incluye una gran pregunta que requiere que los alumnos integren los conocimientos adquiridos durante el proceso.
- **Aplicaciones educativas con "Hot Potatoes"**. Son herramientas interactivas muy útiles que diseña cada maestro/a, en las cuales se mezclan contenidos del área con otras a base de test, asociación de ideas, "sopas de letras", "crucigramas", etc. Hot Potatoes reúne a seis herramientas de autor, desarrollado por el equipo del University of Victoria CALL Laboratory Research and Development, que nos permiten elaborar ejercicios interactivos basados en páginas Web con seis tipos de herramientas básicas: JQUIZ, JBC, JMIX, JMATCH, JCROSS y JCLOZE.
- **"JCLIC"**. Es un conjunto de aplicaciones de software libre. Con ellas se pueden realizar diversos tipos de actividades educativas: rompecabezas, asociaciones, ejercicios de texto, palabras cruzadas... Las actividades no se acostumbran a presentar solas, sino empaquetadas en proyectos. Un proyecto está formado por un conjunto de actividades y una o más secuencias, que indican el orden en que se han de mostrar (CNICE).
- **"Wikis"**. Las "wikis" son una de las múltiples posibilidades que nos ofrece Internet. Resultan muy operativas a la hora de hacer trabajos en grupo, recopilación de datos, compartir resultados de una investigación, etc. También tenemos cada vez más experiencias en el sentido de usarlas conjuntamente con las familias para su atención personalizada.

En el curso 2006-07, la C. E. J. A. pone en funcionamiento nuevas herramientas para el sistema educativo andaluz. Se trata de la Plataforma Educativa "**Helvia**", el sitio Web "**Averroes**", la "Base Andaluza de Recursos Digitales" (BARTIC), Centro de Atención a Usuarios "**Pasen**" y "**And@red**".

La P. E. "**Helvia**" permite gestionar las noticias que el centro desee anunciar a la comunidad, agrupándolas y organizándolas. Por ejemplo, a la hora de dar a conocer los talleres deportivos, horarios, etc. Nos posibilita, igualmente, las llamadas "**tutorías electrónicas**" (O. 20/08/2010).

Averroes es de gran ayuda al profesorado porque permite actividades de tele formación, base de datos, foros, creación de redes virtuales de docentes, innovación educativa, etc.

La base **BARTIC** está compuesta por recursos educativos digitales, con objeto de disponer rápidamente de información sobre los procesos de enseñanza y aprendizaje. Es como un "banco" de materiales digitales accesible a cualquier ciudadano que desee descargarse experiencias educativas, juegos, contenidos, etc.

"**Pasen**" permite, a través de Internet, que las familias puedan conocer la evolución de sus hijas e hijos y comunicarse con el profesorado ("Tutorías electrónicas"). También se accede a la realización de trámites administrativos mediante la Secretaría Virtual.

"**And@red**" es el plan educativo para el impulso de la Sociedad del Conocimiento en Andalucía.

Todo ello viene gestionado por el Centro de Gestión Avanzado (C. G. A.), donde un equipo de profesionales que proporcionan asistencia técnica a los centros T.I.C.,
permite que el profesorado se dedique al desarrollo del proyecto educativo.

Igualmente hay otras iniciativas relacionadas con Internet y la escuela. Por ejemplo, la Base Andaluza de Recursos de Innovación Educativa (BARIE) o la plataforma Educanix.

No olvidemos que los medios de comunicación tradicional y multimedia tienen un enorme potencial como agentes de formación y socialización en el alumnado y comunidad educativa e inciden sobre la manera de percibir la realidad y de interactuar sobre ella (Cabero y Román -coords.-, 2006).

Hay que citar la O. de 02/09/2005, por la que se establecen los criterios y normas sobre homologación de materiales curriculares para uso en los Centros docentes de Andalucía. Deroga la O. de 21/03/1994. Sobre todo se refiere a material de tipo impreso. También al Decreto 72/2003, de 18 de marzo, sobre medidas de impulso de la sociedad del conocimiento.

Pero no sólo debemos comentar aquí lo relacionado con los ordenadores. Otro tipo de material multimedia también está accediendo a nuestras escuelas durante la primera década del siglo XXI. Por ejemplo, las PDA que nos permiten llevar la evaluación en el patio, las **pizarras** de pantalla táctil o las **tabletas** digitales que están revolucionando nuestra didáctica ya que se basan en el uso del **libro de texto electrónico** en sustitución del tradicional en papel.

Citamos ahora una serie de "**plataformas virtuales de aprendizaje**" muy actuales y que incluso permiten el aprendizaje de tipo cooperativo: Brainly; Moodle; Docsity; Educanetwork; Edmodo; Eduredes; Eduskopia; Misdeberes.es; Otra Educación; RedAlumnos; The Capsuled; etc.

Debemos destacar el Decreto 25/2007, de 6 de febrero, por el que se establecen medidas para el fomento, prevención de riesgos y la **seguridad** en el **uso de Internet** y las TIC por menores de edad.

Igualmente, el D. 328/2010, de 13 de julio, por el que se aprueba el Reglamento Orgánico de las escuelas infantiles de segundo grado, de los colegios de educación primaria, de los colegios de educación infantil y primaria, y de los centros públicos específicos de educación especial, BOJA nº 139, de 16/07/2010, recoge en su artículo 7, sobre las funciones y deberes del profesorado "*el conocimiento y la utilización de las tecnologías de la información y comunicación como herramienta habitual de trabajo en el aula*".

- **Ambientales**.

Nos referirnos al término **ambiental** como los elementos que conforman el propio **centro** con sus instalaciones y su **entorno**, que puede contener elementos naturales tales como agua, césped, arena o artificiales, como barandas, columnas, gradas, vigas, etc., así como las propias variables físicas: sol, viento, etc. de las que nos podemos **aprovechar o no** en función del aprendizaje a tratar. Por ejemplo, el sol o el viento son **enemigos** de la iniciación a algunos deportes, como el voleibol o el bádminton. En cambio, el viento es imprescindible para la vela y el sol para juegos de "pisa-sombra".

Blández (2005), entre otros, nombran el "*ambiente de aprendizaje*", es decir, el **entorno físico** como lugar del mismo. Concretamente, esta autora indica que los "ambientes de aprendizaje" son unos recursos didácticos consistentes en **acondicionar** determinados espacios con el único fin de propiciar situaciones en las que el aprendizaje surja de manera instintiva o espontánea. Es un planteamiento no directivo y que favorece la **creatividad** del alumnado al interaccionar libremente con el entorno, que será sugerente y **motivador** para que atraiga la atención.

Desde la perspectiva de la pedagogía no directiva, la **riqueza** del ambiente se convierte en el factor fundamental para **motivar** al alumnado y **guiarle** en el proceso de aprendizaje.

Cada espacio o cada equipamiento ayuda a determinadas tareas, por lo que el docente puede ir orientando el aprendizaje, centrando su atención en la organización del espacio y los materiales, encajando en lo que Denis (1980), citado por Blández (2005), denomina como "*pedagogía del ambiente*". Éste nos viene determinado por la instalación arquitectónica, las condiciones básicas de luz, sonido y temperatura, así como la inclusión o separación entre grupos y personas. Por ejemplo, unas veces **facilita** las prácticas de relajación, pero otras **limita** la enseñanza de ciertas habilidades, por ejemplo un techo con tres metros de altura impide la correcta iniciación al voleibol o ventanas con cristales convencionales el uso de balones de cuero.

Para **construir** un área de juego o ambiente de aprendizaje, tendremos que organizar un espacio y unos materiales que inviten a ser utilizados para un fin concreto. Por ejemplo, si queremos provocar tareas de equilibrio, hay que presentar los elementos oportunos que la estimulen: zancos, caminos estrechos y elevados construidos con bancos suecos, etc.

A todos los recursos que hemos visto debemos sacarles el máximo **provecho**, por lo que nuestra intervención debe ser muy **funcional**, es decir, que los docentes del área estemos organizados de tal manera que no se dé el caso de necesitar los mismos recursos espaciales o materiales a la vez. La programación de aula de todos los grupos debe estar muy bien coordinada para evitar este tipo de hechos.

1.3. CARACTERÍSTICAS QUE HAN DE TENER EN FUNCIÓN DE LAS ACTIVIDADES FÍSICAS PARA LAS QUE SE HAN DE UTILIZAR.

Además de la O. de 02/09/05 antes citada, debemos señalar al R. D. 1537/2003, de 5 de diciembre, B.O.E. nº 295, de 10/12/2003, por el que se establecen los requisitos mínimos de los centros que imparten enseñanzas escolares de régimen general. Por su parte, nombramos al Acuerdo de 11 de octubre de 2005, del Consejo de Gobierno de la Junta de Andalucía, por el que se aprueba el Plan «Mejor Escuela». Incluye a infraestructuras y equipamientos deportivos

El R. D. 132/2010, de 12 de febrero, por el que se establecen los requisitos mínimos de los centros que impartan las enseñanzas del segundo ciclo de la educación infantil, la educación primaria y la educación secundaria, B.O.E. nº 62, de 12/03/2010. Para Primaria, indica que deberán contar con:

- Un **patio de recreo**, parcialmente cubierto, susceptible de **ser utilizado como pista polideportiva**, con una superficie adecuada al número de puestos escolares. En ningún caso será inferior 900 metros cuadrados.
- **Biblioteca**, con una superficie, como mínimo, de 45 metros cuadrados
- Un **gimnasio** con una superficie adecuada al número de puestos escolares.
- Todos los espacios en los que se desarrollen acciones docentes, así como la biblioteca, contarán con **acceso a las tecnologías de la información** y la comunicación en cantidad y calidad adecuadas al número de puestos escolares, garantizando la **accesibilidad**.
- Una **sala polivalente**, con una superficie adecuada al número de puestos escolares autorizados, que podrá compartimentarse con mamparas móviles.

Por otro lado tenemos que contemplar dos apartados muy ligados entre sí: la **organización** del material y los **criterios didácticos** a emplear.

a) **Organización del material.**

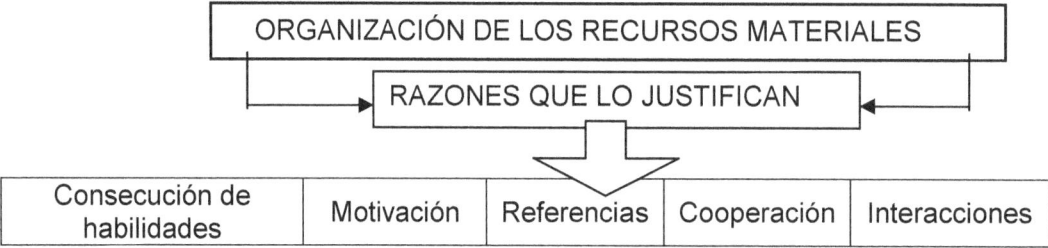

Como todos sabemos, la utilización y distribución del material, íntimamente relacionada con los otros factores, va a **condicionar** que la organización de la sesiones favorezca o dificulte el proceso de acondicionamiento-aprendizaje motor. Hay diversas razones que justifican la importancia de una buena y adecuada organización del material, entre otras destacamos a:

- Permite la **consecución de habilidades**, objetivos concretos, de cada actividad física o motriz en particular.

- Favorece la **motivación** en la realización de las tareas. Tanto si ésta exige o no el manejo de un móvil o la superación de algún obstáculo, es conveniente introducir material variado que incite a la acción. Formas originales, colores llamativos, funcionalidad, etc. favorecen el movimiento continuado y variado en niñas y niños.

- Establece **referencias** claras para la buena marcha de la sesión. Si se hace una distribución estable del material aprovechando el máximo de espacio disponible, el maestro o maestra puede controlar mejor la formación de los sub-grupos y su evolución por las distintas zonas de trabajo.

- Los diversos elementos nos permiten establecer estrategias metodológicas basadas en la **cooperación**, además de la ayuda entre todos para los traslados de los móviles.

- Favorece la **interacción entre el profesor y el alumnado**, así como de los alumnos entre sí:
    - La colocación del material pesado es una labor conjunta que potencia la colaboración entre todos.
    - En tareas de conjunto en que el centro de atención es un objeto (por ejemplo un balón) la compenetración de los jugadores es fundamental.
    - En tareas individuales de cierta complejidad, es necesaria la ayuda de otros compañeros.
    - El buen trato y cuidado de todo material disponible es una labor de todos los participantes y expresa una valoración positiva del mismo (D. 328/2010).

b) **Criterios Didácticos**

Las características de los recursos están íntimamente ligadas a los criterios didácticos que debemos tener en cuenta a la hora de seleccionar el material. Ahora exponemos los más significativos, si bien tenemos que ser conscientes que en algunos centros será fundamental dar prioridad a unos para tener, incluso, que descartar a otros:

- **Adecuación a la sesión. Momento evolutivo del alumnado**. Es necesario que esté acorde con los objetivos que tengamos planteados para la sesión. También deberá adaptarse a las características del alumnado, incluso al que tenga algún tipo de discapacidad, en todos los ámbitos: social, cognitivo, afectivo y motor, por lo tanto deberá ser **adaptable**. El material tendrá en cuenta su percepción de globalidad, posibilitándole desarrollar la imaginación y creatividad a través de la actividad simbólica. Igualmente se debe adaptar a la característica de inestabilidad emocional de la Etapa, proporcionando una fuente de motivación, diversión y placer. Hay veces que los recursos didácticos se convierten en objetivos por sí mismos (una sesión con bancos suecos), cuando deben ser únicamente un medio al servicio de la consecución de los objetivos (Chinchilla y Zagalaz 2002).

- **Utilidad**. Nos referimos a unos recursos polivalentes, que sirvan para ayudarnos a desarrollar varias habilidades y no específico, que valga para una sola. Por ejemplo, los conos se prestan a saltarlos, transportarlos, construir caminos y obstáculos, etc.

- **Manejabilidad**. Debe ser un material ligero para que pueda ser manipulado sin trabas por niños y niñas de Primaria. Unas de las características que debe reunir es que sea móvil antes que fijo y desmontable antes que de una pieza, como las mini porterías de plástico.

- **Seguridad**. Todos los recursos materiales deben estar exentos de aristas, bordes cortantes, puntas, etc. También tendrán protectores, como los mini-tramp, y gomas en las patas, como los bancos suecos. De esta forma la manipulación no tendrá peligro. La "seguridad incorporada" indica que no es imprescindible la acción del docente para evitar accidentes asociados al recurso. Viene garantizada por los procesos de diseño y construcción del producto (AENOR, 1999). Por lo tanto, debemos prescindir radicalmente de aquellos materiales que puedan entrañar riesgo (Sierra, 2003).

  Delgado y Tercedor (2002), por su parte, indican de forma muy detallada una serie de factores de seguridad e higiene a tener en cuenta. Por ejemplo, la ubicación de los espacios en entornos saludables, referente a la idoneidad de la superficie de los suelos (lisa, sin desniveles, con buen drenaje, etc.), relativo a las bandas de seguridad exteriores, sobre los anclajes de los equipamientos, en relación al acabado interior de paredes, radiadores y puertas, sobre iluminación, ventilación y altura de los techos, entre otros factores preventivos.

  Estapé (2003), señala la seguridad activa (diseño y ubicación del recurso) y pasiva (el docente debe controlar la conservación de los recursos).

  Roldán (2002), coordina la publicación "**Manual de seguridad en los centros educativos**", editada por la C.E.J.A. Indica una serie de pautas a seguir tendente a la protección en las instalaciones escolares. Por ejemplo, los anclajes de las porterías, la posible corrosión de los componentes metálicos, la comprobación del estado de las instalaciones a principios de curso, la homologación en todos los materiales por la normativa europea, la recogida de aguas en los pavimentos, etc.

- **Mantenimiento**. La conservación de los materiales a lo largo de un periodo de tiempo va a ser fundamental ya que, generalmente, los recursos económicos del centro para la adquisición de nuevos suelen ser bastantes limitados. Debemos procurarnos materiales que apenas necesiten mantenimiento. Por ejemplo, las colchonetas deber ser plastificadas y no de lona porque, además, son antihigiénicas. El D. 328/2010, de 13 de julio, por el que se aprueba el Reglamento Orgánico de los colegios de educación primaria, de los colegios de educación infantil y primaria, y de los centros públicos específicos de educación especial, BOJA nº 139, de 16/07/2010, indica en su artículo 2, "utilizar adecuadamente las instalaciones y el material didáctico, contribuyendo a su conservación y tratamiento".

- **Economía**. Dentro de unos límites de calidad, debemos adquirir material económico, teniendo en cuenta que muchas veces "lo barato resulta caro".

- **Calidad**. Ligado a la característica anterior. Siempre que sea posible, es mejor seleccionar un material de calidad contrastada, aunque sea más caro. Atención a los materiales nuevos sin experimentar, que en muchas ocasiones son conflictivos.

- **Estética**. Unos recursos de diseño agradable favorece su manejo y motivación, por ejemplo el globo-balón.

- **Almacenamiento**. Deben tener fácil recogida y almacenaje, por ejemplo, usar contenedores ("jaulas") para balones, aros portamacetas para colgar las cuerdas, etc.

- **Que no favorezca las actitudes sexistas**. El material debe proporcionar una mayor interrelación entre todos los aspectos formativos de niñas y niños y no reproducir y perpetuar rasgos sexistas en educación. Por ejemplo, huir de los tópicos del balón de fútbol para niños y cuerdas y elásticos para juegos de niñas.

Por su parte, Díaz (1996), indica que el tipo y cantidad de material que se **adquiera** para el centro debe permitir:

- La realización de todas las habilidades básicas y genéricas
- La delimitación del espacio, por ejemplo conos.
- La realización de ayudas, como cinturones, arneses, planos inclinados...
- La protección de los practicantes, por ejemplo cascos o rodilleras.
- La evaluación, como cronómetro o cinta métrica.

También Galera (1996), señala una serie de criterios para seleccionar los recursos materiales, de los que destacamos a:

- Polivalente, adaptable, manejable y seguro
- De bajo mantenimiento y coste, así como de calidad y estético

2. UTILIZACIÓN DE LOS RECURSOS DE LA COMUNIDAD.

Suele existir en muchas escuelas un problema con la falta de instalaciones deportivas adecuadas y que en otras ocasiones tienen uso limitado (Chinchilla y Zagalaz 2002). Por ejemplo, el ruido propio de la actividad motriz que molesta al resto del alumnado es un freno para realizar numerosos juegos. Una solución, si es **operativa**, pasa por el uso de los "*recursos de la comunidad*".

Entendemos a éstos como los medios que la **administración local** u otras ponen a disposición de los ciudadanos para su disfrute. Por ejemplo, parques, instalaciones recreativas y deportivas, espacios naturales, etc. y que en muchas ocasiones no usamos por falta de información. Pero no podemos dejar de mencionar a **otros recursos** que, no siendo espaciales como los ejemplos anteriores, son de gran importancia para nosotros. Por ejemplo, publicaciones y folletos sobre salud, actividades en el medio natural, cuadernos, manuales, Webs, etc. También debemos mencionar a recursos móviles con el "sello" del municipio o región autónoma y que suelen regalar a los centros docentes: balones, discos voladores, etc.

Distinguimos a dos grandes grupos según su origen:

- o **Naturales**. Son los sistemas ecológicos, los organismos vivos, materiales geológicos, etc. En el área de Educación Física es muy corriente el uso del parque natural (no modificado aún por el humano) y natural-artificial (modificado).

- o **Entorno socio-cultural**. Nos referimos a museos, monumentos, centros culturales, espectáculos deportivos, centros deportivos, estadios y polideportivos, exposiciones, encuentros deportivos, competiciones, carreras populares, concursos diversos, cursillos escolares de iniciación a la natación, al esquí, campañas tales como "bautismo náutico" o "jugueteando", etc., son elementos del entorno socio-cultural que los consideramos recursos didácticos.

Ahora señalamos otros dos grupos en función de su distancia desde nuestro centro:

- Recursos de la comunidad en el entorno **próximo** y **medio**.
- Recursos de la comunidad en el entorno **lejano**.

Dentro del **entorno próximo** tenemos que considerar las instalaciones propias de la escuela: S.U.M., patio, gimnasio, aula, etc. En ellas podemos, normalmente, realizar las actividades propias de nuestra Área: habilidad motriz, iniciación deportiva, expresión corporal, etc., aunque algunas veces resultan limitadas para dar respuesta a un diseño curricular óptimo.

En muchas ciudades y pueblos están, a una distancia prudencial, los polideportivos municipales, parques, piscinas, etc. que nos ofrecen multiplicar nuestra intervención didáctica, aunque tienen la desventaja del tiempo invertido en llegar, la incomodidad -y a veces el peligro- de la calle, entre otros aspectos. Por ello en numerosas ocasiones lo desechamos por falta de operatividad. En las grandes ciudades existen parques con varios itinerarios educativos.

Los **ayuntamientos** y **diputaciones** suelen tener **programas escolares**: semana cultural, salón del estudiante de primaria, semana del teatro y títere, escuela de salud, etc. También tienen programas concretos: acampadas, encuentros deportivos, etc. En otras ocasiones es la propia Consejería de Educación, sola o junto a otras, la que nos ofrece programas y actuaciones a las que nos podemos acoger, como "Aulas Viajeras", el Programa Educativo "El campo y el mar en la escuela andaluza. Lujita y los Calicertis"

No obstante, otras veces podemos organizar una visita y sacarle el máximo provecho a toda una mañana. Por ejemplo, acudir a una fábrica de aceite de oliva para saber su proceso de elaboración, los beneficios para la salud, su aportación a la dieta mediterránea en contraposición a las grasas animales, (bloque de Salud). Por lo tanto, las posibilidades son muchísimas dependiendo de lo que **ofrezca** nuestro entorno más **inmediato.**

Dentro del **entorno lejano** encuadramos a todo lo referente a la Naturaleza y sus posibilidades. En Andalucía destacamos las visitas al Parque Nacional de Doñana en Huelva y a los siguientes Parques Naturales:

- SEVILLA: Sierra Norte.
- CÁDIZ: Alcornocales; Bahía de Cádiz; Sierra de Grazalema; Acantilado y Pinar de Barbate; Parque Metropolitano Marisma de los Toruños y Pinar de la Algaida.
- HUELVA: Sierra de Aracena.
- CÓRDOBA: Sierra de Hornachuelos; Sub-Bética. Parque de Los Villares.
- GRANADA: Sierra Nevada; Sierra de Baza.
- MÁLAGA: Fuente de Piedra; El Torcal; Sierra de las Nieves y Montes de Málaga.
- JAÉN: Sierras de Cazorla-Segura-Las Villas.
- ALMERÍA: Cabo de Gata.

También hay que reconocer zonas protegidas y reservas naturales de gestión privada en Estepona y Benalmádena (Málaga), el C.R.A. en El Puerto de Santa María (Cádiz) y la Reserva de El Castillo de las Guardas (Sevilla), entre otros. Estas visitas lejanas, sobre todo para el alumnado de Primaria, requieren unos "extras" de tipo:

- Organizativo y económico, colaboración de la A.M.P.A. e, incluso, de otras entidades.
- Cubrir las sustituciones del profesorado que se desplace, las responsabilidades...

En los enclaves naturales existen diferentes programas que pueden adaptarse a nuestras necesidades: centros de visitantes, centros de recepción, aulas de la naturaleza, jardines botánicos, etc.

No obstante, cada año existen más ofertas de "**empresas de servicios** extra-escolares", que nos ofertan huertos escolares, colonias de vacaciones, aulas de la naturaleza, "semana blanca", etc. que organizan y se responsabilizan de todo.

Por otro lado, las visitas a los recursos de la comunidad son muy apropiadas para adquirir conocimientos de índole teórica-práctica-actitudinal de varias Áreas.

CONCLUSIONES

A lo largo del Tema hemos visto la importancia que tienen los recursos, o mediadores del proceso de enseñanza-aprendizaje en nuestra intervención educativa. Tanta es la variedad existente que se estudian a través de numerosas clasificaciones y sub-clasificaciones. Debemos destacar la importancia que tienen en los últimos años los llamados recursos alternativos. Raro es el curso que no surgen nuevas presentaciones y novedades, sobre todo en materiales plásticos. El poder motivador que tienen los recursos materiales, sobre todo los móviles, los hacen imprescindibles en nuestra acción educativa. No podemos olvidar los recursos espaciales propios, alquilados o cedidos, así como otras personas que en determinados momentos nos ayudan, como los monitores en el medio natural, entre otros muchos. También debemos mencionar la gran cantidad de recursos que nos ofrece la comunidad en el entorno mediato e inmediato.

BIBLIOGRAFÍA

- AENOR (1999). *Equipamiento deportivo*. AENOR N. A. Madrid.
- BERNAL, J. L. (2007). *Reducir, reciclar y Reutilizar*. Wanceulen. Sevilla.
- BLÁNDEZ, J. (2005). *La utilización del material y del espacio en Educación Física*. INDE. Barcelona.
- BLÁZQUEZ, D.; CAPLLONCH, M.; GONZÁLEZ, C.; LLEIXÁ, T.; (2010). *Didáctica de la Educación Física. Formación del profesorado*. Graó. Barcelona.
- CABERO, J. y ROMÁN, P. -coords.- (2006). *E-actividades*. MAD. Sevilla.
- CEBRIÁN, M. -coord.- (2009). *El impacto de las T.I.C.s en los centros educativos*. Síntesis. Madrid.
- CHINCHILLA, J. L. y MORENO, J. I. (2000). *Desarrollo curricular de la Educación Física en Primaria (2º Ciclo)*. Wanceulen. Sevilla.
- CHINCHILLA, J. L. y ZAGALAZ Mª L. (2002). *Didáctica de la Educación Física*. CCS. Madrid.
- DELGADO, M. y TERCEDOR, P. (2002). *Estrategias de intervención en educación para la salud desde la Educación Física*. INDE. Barcelona.
- DÍAZ, J. (1996). *Los recursos y materiales didácticos en Educación Física*. Apunts: Educación Física y Deportes, 43, 42-52. Barcelona.
- DÍAZ, J. (2005). *La evaluación formativa como instrumento de aprendizaje en Educación Física*. INDE. Barcelona.
- ESTAPÉ, E. (2003). *Aspectos preventivos y de seguridad en los espacios deportivos y el material*. En: Dimensión europea de la Educación Física y el Deporte en la edad escolar: Hacia un espacio europeo de la educación superior. AVAEF. Valladolid.
- FERNÁNDEZ TRUÁN, J. C. (1997). *Los Materiales Didácticos en Educación Física*. Wanceulen. Sevilla.

- GALERA, A. (1996). *Gestión del material en las instalaciones deportivas.* En *Gestión del Material y Mantenimiento de las instalaciones deportivas.* I.A. Deporte. Málaga.
- GIL, P. A. (2007). *Metodología didáctica de las actividades físicas y deportivas.* Wanceulen. Sevilla.
- GUTIÉRREZ-TOCA, M. (2004). *Juegos ecológicos con piedras y palos.* INDE. Barcelona.
- GUTIÉRREZ TOCA, M. (2010). *Juegos ecológicos con material alternativo... Recursos domésticos y del entorno escolar.* INDE. Barcelona.
- HERNÁNDEZ, M. (1994). *Colección Juegos y Deportes Alternativos.* Autoedición. Madrid.
- JARDÍ, C. y RIUS, J. (2004). *Mil ejercicios y juegos con material alternativo.* Paidotribo. Barcelona.
- JUNTA DE ANDALUCÍA (2007). Ley 17/2007, de 10 de diciembre, de Educación de Andalucía (L. E. A.). B. O. J. A. nº 252, de 26/12/07.
- JUNTA DE ANDALUCÍA (2007). Ley 17/2007, de 10 de diciembre, de Educación de Andalucía (L. E. A.). B. O. J. A. nº 252, de 26/12/07.
- JUNTA DE ANDALUCÍA (2015). *Decreto 97/2015, de 3 de marzo, por el que se establece la ordenación y las enseñanzas correspondientes a la Educación primaria en Andalucía.* B. O. J. A. nº 50, de 13/03/2015.
- JUNTA DE ANDALUCÍA. (2015). *Orden de 17 de marzo de 20015, por la que se desarrolla el currículo correspondiente a la Educación Primaria en Andalucía.* B. O. J. A. nº 60, de 27/03/2015.
- JUNTA DE ANDALUCÍA (1998). *Orden de 26 de junio de 1998, por la que se regula la utilización de las instalaciones de los Centros Docentes públicos no Universitarios por los municipios y otras entidades públicas o privadas.* (BOJA nº 80, de 18/07/98).
- JUNTA DE ANDALUCÍA (1998). *Orden de 14 de julio de 1998, por la que se regulan las actividades complementarias y extraescolares y los servicios prestados por los Centros docentes públicos no universitarios.* B.O.J.A. nº 86, de 01/08/98.
- JUNTA DE ANDALUCÍA (1999). *Orden del 17 de febrero de 1999, por la que se regulan las ayudas a la realización de actividades complementarias y extraescolares en los Centros docentes públicos, a excepción de los de Adultos y Universitarios.* B.O.J.A. nº 33, de 18/03/99.
- JUNTA DE ANDALUCÍA (2003). *Decreto 72/2003, de 18 de marzo, sobre medidas de impulso de la sociedad del conocimiento.* B. O. J. A. nº 25, de 21 de marzo de 2003.
- JUNTA DE ANDALUCÍA (2005). *Orden de 2 de septiembre de 2005, por la que se establecen los criterios y normas sobre homologación de materiales curriculares para uso en los Centros docentes de Andalucía.* B. O. J. A. nº 193, de 03 de octubre de 2005. Deroga la Orden de 21 de marzo de 1994.
- JUNTA DE ANDALUCÍA (2005). *Orden de 28 de octubre de 2005, por la que se convocan proyectos educativos de centro para la incorporación de las tecnologías de la información y la comunicación a la educación (centros T.I.C.).*
- JUNTA DE ANDALUCÍA (2005). *Acuerdo de 11 de octubre de 2005, del Consejo de Gobierno, por el que se aprueba el Plan «Mejor Escuela».* B. O. J. A. nº 213, de 02/11/2005.
- JUNTA DE ANDALUCÍA (2007). *Acuerdo de 23/01/2007, del Consejo de Gobierno, por el que se aprueba el Plan de Lectura y de Bibliotecas Escolares en los Centros Educativos Públicos de Andalucía (Plan LYB).* B. O. J. A. nº 29 de 08/02/07.
- JUNTA DE ANDALUCÍA (2007). *Resolución de 10/04/2007, de la D. G. de Innovación Educativa y Formación del Profesorado, por la que se aprueban*

- *Proyectos de Investigación Educativa y se conceden subvenciones.* B. O. J. A. nº 87 de 04/05/2007.
- JUNTA DE ANDALUCÍA (2007). *Orden de 23 de octubre de 2007, por la que se modifica la de 20 de junio de 2007, por la que se establecen las bases reguladoras de las ayudas para la elaboración de materiales curriculares y para el desarrollo de actividades de formación y de investigación educativa dirigidas al profesorado de los centros docentes sostenidos con fondos públicos, a excepción de los universitarios.* B. O. J. A. nº 223, de 13/11/2007.
- JUNTA DE ANDALUCÍA (2007). *Decreto 25/2007, de 6 de febrero, por el que se establecen medidas para el fomento, la prevención de riesgos y la seguridad en el uso de Internet y las tecnologías de la información y la comunicación (TIC) por parte de las personas menores de edad.* BOJA nº 39, de 27/02/2007.
- JUNTA DE ANDALUCÍA (2008). *Orden de 25 de Julio de 2008, por la que se regula la atención a la diversidad del alumnado que cursa la educación básica en centros docentes públicos de Andalucía.* BOJA nº 167, de 22/08/2008.
- JUNTA DE ANDALUCÍA. (2010). *Decreto 285/2010, de 11 de mayo, por el que se regula el Sistema de Información Séneca y se establece su utilización para la gestión del sistema educativo andaluz.* BOJA nº 101 de 26/05/2010.
- JUNTA DE ANDALUCÍA (2010). *Orden de 03 agosto de 2010, por la que se regulan los servicios complementarios de la enseñanza de aula matinal, comedor escolar y actividades extraescolares en los centros docentes públicos, así como la ampliación de horario.* BOJA núm. 158 de 12/08/2010.
- JUNTA DE ANDALUCÍA (2010). *Decreto 328/2010, de 13 de julio, por el que se aprueba el Reglamento Orgánico de las escuelas infantiles de segundo grado, de los colegios de educación primaria, de los colegios de educación infantil y primaria, y de los centros públicos específicos de educación especial.* BOJA nº 139, de 16/07/2010.
- JUNTA DE ANDALUCÍA (2010). *Orden de 20 de agosto de 2010, por la que se regula la organización y el funcionamiento de las escuelas infantiles de segundo ciclo, de los colegios de educación primaria, de los colegios de educación infantil y primaria, y de los centros públicos específicos de educación especial, así como el horario de los centros, del alumnado y del profesorado.* BOJA nº 169, de 30/08/2010.
- LERMA, I. (2006). *Conoce tu localidad. Aplicación de una Webquest.* Andalucía Educativa, nº 56, pp. 43-45. Junta de Andalucía. Sevilla.
- M. E. C. (2003). *R. D. 1.537/2003, de 5 de diciembre, por el que se establecen los requisitos mínimos de los centros que impartan enseñanzas escolares de régimen general.* B.O.E. nº 295, de 10-12-2003.
- M. E. C. (2006). *Ley Orgánica 2/2006, de 3 de mayo, de Educación (L. O. E.).* B. O. E. nº 106, de 04/05/2006, modificada por la LOMCE/2013.
- M. E. C. (2010). *Real Decreto 132/2010, de 12 de febrero, por el que se establecen los requisitos mínimos de los centros que impartan las enseñanzas del segundo ciclo de la educación infantil, la educación primaria y la educación secundaria.* B.O.E. nº 62, de 12/03/2010.
- M. E. C. (2013). *Ley Orgánica 8/2013, de 9 de diciembre, para la mejora de la calidad educativa. (LOMCE).* B. O. E. nº 295, de 10/12/2013.
- M. E. C. (2014). *Real Decreto 126/2014, de 28 de febrero, por el que se establece el currículo básico de la Educación Primaria.* B. O. E. nº 52, de 01/03/2014.
- M.E.C. (2015). *Orden ECD/65/2015, de 21 de enero, por la que se describen las relaciones entre las competencias, los contenidos y los criterios de evaluación de la educación primaria, la educación secundaria obligatoria y el bachillerato.* B.O.E. nº 25, de 29/01/2015.
- ORTÍ, J. (2004). *La animación deportiva, el juego y los deportes alternativos.* INDE. Barcelona.

- PONCE, A. y GARGALLO, E. -coords.- (2003). *Reciclo, construyo, juego y me divierto.* CCS. Madrid.
- POSADA, F. (2000). *Ideas prácticas para la enseñanza de la Educación Física.* Agonos. Lérida.
- RIVADENEYRA, M. L. -Coord.- (2004). *Desarrollo de la motricidad.* Wanceulen. Sevilla.
- ROLDÁN, C. (2002) (Coord.). *Manual de seguridad en los centros educativos.* C. E. J. A. Sevilla.
- SÁENZ-LÓPEZ, P. (2002). *La Educación Física y su Didáctica.* Wanceulen. Sevilla.
- SANCHO, J. Mª. (2006). *Tecnologías para transformar la educación.* Akal. Madrid.
- SICILIA, A. y DELGADO, M. A. (2002). Educación Física y estilos de enseñanza. INDE. Barcelona.
- SIERRA, A. (2003). *Actividad física y salud en Primaria.* Wanceulen. Sevilla.
- TIMÓN, L. M. y HORMIGO, F. (2010). *La construcción de materiales en Educación Física.* Wanceulen. Sevilla.
- VELÁZQUEZ, A. y MARTÍNEZ, A. (2005). *Desarrollo de habilidades a través de materiales alternativos.* Wanceulen. Sevilla.
- VELÁZQUEZ CALLADO, C. (1996). *Actividades prácticas en Educación Física. Cómo utilizar materiales de desecho.* Escuela Española. Madrid.
- VV.AA. (1993 a). *La Educación Física en Primaria. Reforma.* Paidotribo. Barcelona.
- VV.AA. (1993 b). *Fundamentos de Educación Física para Enseñanza Primaria.* INDE. Barcelona.
- VV.AA. (1996). *Construcción de Material Didáctico en Educación Física.* Dpto. de Expresión Musical, Plástica, Corporal y sus Didácticas. U. de Huelva.
- ZAPICO, J. (1993). *Recursos didácticos de la Educación Física en la Educación Primaria.* Jornadas de Actualización. U. de Huelva.
- ZAGALAZ, Mª L.; CACHÓN, J.; LARA, A. (2014). *Fundamentos de la programación de Educación Física en Primaria.* Síntesis. Madrid.

WEBGRAFÍA (Consulta en octubre de 2015).

http://www.agrega2.es
http://recursos.cnice.mec.es/edfisica/
http://www.ite.educacion.es/es/recursos
http://www.educarm.es/admin/recursosEducativos#nogo
http://www.juntadeandalucia.es/averroes/
http://www.gobiernodecanarias.org/educacion/webdgoie/
http://www.educarex.es/web/guest/apoyo-a-la-docencia
http://www.catedu.es/webcatedu/index.php/recursosdidacticos
http://www.educa2.madrid.org/educamadrid/servicios
http://www.educa.jccm.es/educa-jccm/cm/recursos
http://www.educa.jcyl.es/profesorado/es/recursos-aula
www.juntadeandalucia.es/educacion/descargasrecursos/curriculo-primaria/index.html
http://www.educastur.es
http://www.guiaderecursos.com/webseducativas.php
http://www.adideandalucia.es
http://recursostic.educacion.es/primaria/ludos/web/index.html